Yo quiero ser presidente

Victor-AndrÉs Almeida GarcÉs

Guayaquil | Ecuador | 2017

*En primer lugar, agradezco a Dios por ser mi pilar
de apoyo fundamental en tiempos difíciles.
A mis padres, por darme amor y consejo
durante toda mi infancia y adolescencia.
A Adri por ser esa amiga incondicional
que cree siempre en mis capacidades.
A Gaby por ser la persona que motivó
la escritura de este libro.
Y finalmente, pero no menos importante
a Inma por siempre confiar en mí.*

Yo quiero ser presidente

RECONOCIMIENTOS

"Víctor ha sido estos años una persona que, aun con los desencuentros propios de nuestra edad y distancia ideológica, siempre ha buscado calzar los zapatos de su opuesto, en aras de comprender lo que vivimos aquellos que estamos debajo de su mundo. No me parece aventurista decir que no podré apoyar las políticas que emprenda, pero al mismo tiempo sí tengo la convicción de su enorme calidad humana y, más aún, de su permanente empeño por subsanar cualquier mínimo daño hecho en el pasado, una cualidad que no todos pueden arrogarse.

Debo reiterarme en que, por nuestra antagónica visión del mundo, el terreno político siempre nos separará. Pero, a la par, no puedo cerrar estos párrafos sin recalcar que, aun con lo dicho, si de algo no dudo es de sus inmensamente buenas intenciones. Vemos soluciones distintas, pero, y más a cada día que pasa, vemos problemas idénticos. Esto, hoy por hoy, ya es decir bastante. Su tierra está aquejada de grandes males, pero al mismo tiempo está sembrada de gentes de grandes ilusiones. Víctor es una de esas personas. Las que se cuentan con los dedos de una mano". - *A.A. Militante Comunista*

"Lo primero que se me viene a la cabeza al pensar en Víctor es que es del tipo de persona en la que lo racional y los sentimientos se unen, dejándose guiar por ambos como si fuesen uno solo. Su gran corazón le permite escuchar y responder, dudar y criticar todo lo que crea injusto y mejor para los demás sin temor alguno, demostrando una gran templanza y valentía, ante lo que ello puede acarrear algunas ocasiones". - *Aida J. Bautista Especializada en la Defensa de los Derechos de la mujer y estudiante de la UAM.*

"Víctor Andrés Almeida Garcés empezó sus estudios en Ciencias Políticas en agosto de 2014 en la Universidad Autónoma de Madrid. Desde joven tuvo un gran ideal en mente: ser presidente del Ecuador. La dedicación que Víctor tiene hacia su país Ecuador y su dedicación para ayudar a las personas es simplemente admirable. El liderazgo, el enfoque en su meta y la confianza que transmite son las grandes cualidades de Víctor, las cuales son esenciales para liderar un país. Hay pocas personas que tienen objetivos tan grandes y las habilidades y perseverancia para conseguirlos; pues Víctor es uno de esos que lograrán cosas grandes. Sin lugar a dudas, Víctor será un gran presidente del Ecuador, pero ante todo siempre será un gran amigo, confiable, decidido y ante todo honesto." - *Andony Landívar Macías Ingeniero Civil*

"Desde que lo conozco a Víctor siempre ha querido ser Presidente. Pero no por un vano capricho, un deseo de sobresalir, o de utilizar la autoridad para aplastar al resto. Siempre he visto ese deseo como resultado de la admiración que él tenía y tiene hacia su tío Gustavo Noboa Bejarano. Y como él, Víctor es un hombre sincero y leal. Leal a sus convicciones, a sus amigos, a su familia. Convicciones que lo han llevado a dialogar con una vasta multiplicidad de ideologías y de propuestas políticas, siempre con el ánimo de aprender, de contrastar, de procurar el bien. Bien que él entiende como derivado de lo esencial de *ser* humano: la dignidad, el respeto, el amor. Todo ello sumado a una preparación seria, apasionada, por lo político. Además, es un soñador, no restringido a su ya aludido deseo de ser Presidente, sino un soñador de un mejor Ecuador, de incitar sonrisas antes que vacías frivolidades. Y soñar ya es bastante en este mundo que parece navegar resignado y triste." – *Carlos Piana Castillo Escritor ecuatoriano*

Introducción

Nací un 22 de mayo de 1994 en la ciudad de Guayaquil. Crecí toda mi infancia en el barrio de Lomas de Urdesa y hasta día de hoy sigo residiendo ahí.

Soy el mayor de dos hermanos y desde siempre me interesó leer y escribir. Además, tengo una pasión por los aviones y volar en ellos.

Mi educación primaria y secundaria las realicé en la Unidad Educativa Bilingüe Torremar. En el Torremar aprendí a valorar mi fe e hice amigos para toda la vida: aquellos amigos que siempre me han apoyado y creído en mí cuando he emprendido todos los proyectos que me he propuesto.

Actualmente estudio mi último año del grado en Ciencias Políticas y Administración Publica por la Universidad Autónoma de Madrid.

Elegí dicha carrera porque creo firmemente que un político o servidor público debe conocer el amplio mundo de la política, ciencia social donde también se incluye estudios en Derecho y Economía.

Llegué a dicha carrera con diversas motivaciones, pero la principal es el deseo de un cambio para la sociedad de mi país. No hablo del típico cambio que escuchamos constantemente de políticos de derechas o izquierdas. Tampoco hablo de un cambio radical y violento como el que proponen ciertas corrientes revolucionarias. Yo hablo de un cambio sensato y dedicado en unión de un pueblo entero. Una unión que supere las clases sociales, no hablo de eliminarlas, sino que juntos logremos ese cambio para tener un futuro mejor como nación.

Puedo considerarme un patriota, pero sobretodo amante de mi Ecuador. No porque quede bonito decir que soy patriota, sino porque sinceramente no conozco mejores seres humanos que los ecuatorianos.

Desde el momento en que mi avión proveniente de España aterriza en el Aeropuerto José Joaquín de Olmedo Internacional, ya siento el cariño de mis compatriotas. Un calor humano que sobrepasa cualquier condición social y que transmite esa deliciosa bienvenida a casa.

En los últimos cuatro años me he dedicado a conocer a fondo a mi gente, su forma de vivir y sus visiones de la vida.

Me encanta hablar con las personas, de hecho, entro fácilmente en confianza. Es así como compartiendo puntos de vista con taxistas, empresarios, amas de casa, trabajadores públicos, cuidadores de vehículos, estudiantes universitarios, profesores, betuneros, trabajadoras del hogar, entre otros, he llegado a la conclusión, de que soy parte de un pueblo digno y humilde, que se ha hecho merecedor a días mejores y creo que juntos podemos conseguirlo.

Además, he crecido siendo testigo de muchas coyunturas sociales que marcaron el porvenir del pueblo ecuatoriano. Pero esa no ha sido la principal motivación para que decidiera estudiar ciencias políticas y aspirar a un futuro dedicado al servicio público.

El principal motivo para que yo decidiera estudiar esta carrera y tener una vocación política de cara al futuro, nace de una casualidad relacionada con el primer amor.

Cuando me gradué del colegio yo tenía la determinación de ser piloto de aviones y dedicar mi vida a volar por el mundo.

Al graduarme y empezar mis aplicaciones a universidades extranjeras para estudiar dicha carrera, empecé una relación con una guayaquileña que siempre diré que me cambio la vida completamente.

Durante mi primera relación y mi primer amor, la vida era color de rosa. Pero el tiempo fue avanzando y llegó ya el día de decidir a qué universidad me iría, para cumplir mi sueño de volar.

Ese momento de mi vida, fue el que cambió todo. Había decidido quedarme en Ecuador para estar con la que entonces era el "amor de mi vida" y no separarme de ella.

Nadie me obligó a hacerlo, nadie me puso una pistola en la cabeza para que lo haga. Yo decidí quedarme por voluntad propia y aquí es donde comienza mi historia.

Al poco tiempo de decidir quedarme, terminó mi tan idealizada relación y todo se volvió negro y oscuro. "¿Qué haré ahora?" Esa era la pregunta que rondaba mi cabeza día y noche.

Aquí fue cuando el amor de mis padres entró en juego. Mi padre me hizo ver que nada estaba perdido y que debía entrar en la universidad y también trabajar, ya que así tendría contacto con ambos mundos, con un objetivo claro de qué haría posteriormente: decidir si me iba al final a estudiar para ser piloto o me inclinaba hacia otra cosa.

Fue entrar en una universidad de Guayaquil y encontrarme con la realidad de mis contemporáneos universitarios. La sensación se asemeja a algo así como salir de una burbuja en la que había crecido toda mi vida. Y es precisamente esto lo que me inspira a querer cambiar dicha realidad.

El Dr. Gustavo Noboa fue el que encendió la mecha de mi pasión por Ecuador y su gente. Luego de innumerables horas conversando y compartiendo ideas, decidí que quería estudiar políticas y dedicarme a intentar un cambio por medio de la educación y la economía.

Mi tío Gustavo me dijo una frase que la tengo grabada en mi memoria como si estuviera escrito en piedra: "Para cambiar un país se necesita educación, educación y educación". Y yo lo creo firmemente, nos falta educación de calidad para poder salir adelante.

Ahora bien, la decisión de estudiar en Madrid llega luego de muchas vueltas y temores de irme a estudiar lejos de casa. Mi madre un día en el que yo no veía nada claro me dijo: "Victor Andrés, el que no arriesga no gana". Con esa frase mi madre me dio el empujón que me faltaba para decidir estudiar lo que actualmente estudio.

Y es así como llegué a Madrid con un objetivo clarísimo: prepararme de la mejor manera para volver a mi tierra e intentar realizar ese cambio que todos queremos. Un cambio que, si bien suena idílico, creo firmemente que se puede lograr en distintos ámbitos del gobierno, y aún más desde la presidencia de la República.

En este pequeño libro, hablaré sobre temas económicos, la sociedad, los deberes de un gobierno para con sus ciudadanos, mi ideal de gobierno y mis conclusiones de lo mencionado. Todo esto con el objetivo de que el lector comprenda las razones por las cuales quiero ser presidente de la República del Ecuador.

Pensamientos sobre Economía

En uno de los últimos informes de la ONU sobre el trabajo y la subsistencia de las personas, me encontraba con una cifra alarmante. Alrededor de mil trescientos millones de personas sobreviven con menos de un dólar al día y dos mil ochocientos millones sobreviven con menos de dos dólares al día.

En Ecuador, la población que vive con menos de dos dólares diarios representa el 20.8% de la población y la que vive con menos de un dólar al día representa el 11.7% de la población.

Si lo ponemos ya en número de habitantes, estamos hablando de que cerca de 3.3 millones de ecuatorianos viven con menos de dos dólares al día y 1.7 millones con menos de un dólar diario. Son cifras que aterran, y por lo menos a mí, me cambian la perspectiva del día a día.

La Doctrina Social de la Iglesia dice algo que procederé a decir con mis propias palabras: la riqueza no es mala, y además, está al servicio del hombre, no el hombre al servicio de la riqueza.

La riqueza existe para ser compartida, no por medio de la redistribución de quitar a unos para dar otros, sino para que el que posee riqueza sepa producir medios para incrementar su riqueza mientras ayuda a otros a elevar su nivel de vida y también su riqueza.

Considerando los principios rectores de la moral, la economía debe tener relación de manera estrecha e intrínseca con la moral dado que, si quitamos a la moral del medio, se cae en el vicio de la acumulación de riqueza que al final del día no llenará ni saciará las necesidades de los que buscan desesperadamente tener más y más.

Todos tienen el derecho de participar en la actividad económica, desde una perspectiva moral, todos deben contribuir al desarrollo de un país. Cada uno desde sus capacidades debe apoyar el progreso de una nación y de la familia.

El compendio de la D.S. I[1] dice lo siguiente: "El objeto de la economía es la formación de la riqueza y su incremento progresivo, en términos no solo cuantitativos, sino cualitativos: todo lo cual es moralmente correcto si está orientado al desarrollo global y solidario del hombre y de la sociedad en la que vive y trabaja."

Nos suele parecer que el empresario o emprendedor, al escuchar hablar de una economía solidaria, teme que le quitarán su dinero ganado con su esfuerzo. Y esto no es la realidad. Mi tío Gustavo[2] me lo repite siempre que puede: "Capitalismo siempre, pero capitalismo con corazón."

Porque debemos admitir que hay sectores de la sociedad ecuatoriana que están abandonados y es deber del sector privado en conjunto con el Estado el de prestarse para defender y ayudarlos.

---

[1] Doctrina Social de la Iglesia

[2] Dr. Gustavo Noboa Bejarano, Expresidente Constitucional del Ecuador

Mi visión personal de la economía es una mezcla de ejemplos históricos y contemporáneos que me he tomado la libertad de relacionar y que solo el tiempo dirá si tengo razón o no.

Una economía de libre mercado es vital para nuestras naciones en desarrollo, ya que se encuentran envueltas en ambientes altamente globalizados.

Un estado que no mortifique al empresario con impuestos innecesarios, pero que sí atienda las necesidades de la población es de vital importancia. A los bancos se los debe tratar como empresas y no como medios indispensables para un país.

A mi parecer, un banco es una empresa como cualquier otra, y si no está bien administrado, quebrará. El deber del Estado es proteger a los depositantes, pero no salvar al banco de una quiebra. Nuestro ejemplo más cercano es Islandia en la crisis de 2008.

Islandia decidió dejar quebrar a las entidades financieras que actuaron de forma irresponsable garantizando los depósitos de sus ciudadanos. El resultado fue una recuperación económica veloz y efectiva. La historia nos demuestra así, que los bancos no son indispensables en un país, sin embargo, hay que dar los incentivos adecuados para que sean bien administrados en beneficio de la sociedad.

Las leyes económicas son muy variadas, los autores económicos muy diversos y ni hablar del sinnúmero de teorías económicas para salir de crisis o evitarlas.

Pero lo que he aprendido hasta ahora, es el hecho que las leyes económicas no se cumplen, los autores se equivocan y las teorías fracasan. Lo único que funciona es la adaptabilidad de la sociedad y el sistema económico.

Los países deben de tener diversos sectores estratégicos, en teoría, para salir adelante y no depender de un solo recurso. Sin embargo, aquello de diversificar la economía, me recuerda a una frase que le escuché a un anciano que me encontré una vez en un parque de Madrid, y decía algo así como: "Hago muchas cosas porque todas mal no me van a salir".

Los países son actores que hacen diversas cosas para evitar caer en deuda, crisis o pobreza. Pero en épocas de tecnicismos y de lo "políticamente correcto", le llamamos "diversificar sectores estratégicos".

La riqueza no es mala, ella es el fin de la actividad económica que todos los ciudadanos realizan a diario. Queremos erradicar la pobreza, pero cuidado, que existe otro tipo de pobreza y de esa yo he conocido mucha.

Aquella pobreza del que necesita muchas cosas materiales para ser feliz, pero llega un punto en el que ya nada le alcanza y vive en constante necesidad y pobreza humana.

La actividad económica de un país debe buscar la generación de riqueza para todos, de forma equitativa mas no igualitaria, en base al esfuerzo que cada uno le ponga a ello y siempre atendiendo a los principios de solidaridad.

Aquella frase de los Marines estadounidenses: "Ningún hombre se lo deja atrás." Debe ser aplicada por todos los actores de la actividad económica. Privados y públicos, juntos apoyando al que lo necesita.

En lo personal, prefiero que mi país no figure entre el top 20 de economías mundiales, si mi gente no pasa necesidad, tiene educación y salud de calidad y se respetan todas las libertades de los empresarios que son el motor del crecimiento económico y social de un país.

Sociedad

Aristóteles ya lo dijo en su momento: "El hombre es un ser social por naturaleza y está destinado a vivir en sociedad para crecer y desarrollarse."

Para el correcto desarrollo de la sociedad se necesita el constante apoyo a la familia dado que esta es el pilar fundamental de cualquier civilización y es deber como ciudadanos defenderla.

Dentro de la familia se conoce el amor y los valores necesarios para el correcto desarrollo de un ciudadano. La familia es el nervio central de una nación y es poseedora de derechos y obligaciones para con el Estado.

Una sociedad que se desarrolle en torno a la familia es la mayor garantía sobre las tendencias individualistas o colectivistas, ya que en ella el punto central es la persona como fin y no como medio.

He tenido la suerte de experimentar dos sociedades en veintitrés años de existencia. La primera, es la sociedad ecuatoriana en la que crecí y me desarrollé como ser humano. La otra, la española donde he ido madurando mi visión del mundo.

Es una suerte que pocos tienen, pero es una experiencia que recomiendo totalmente. Y es que experimentar dos sociedades distintas contribuye a ampliar horizontes con respecto a los beneficios y costos para una sociedad.

La sociedad ecuatoriana a mi parecer, es una sociedad muy solidaria. Lo vimos en el terremoto de 2016, lo vemos a diario. La solidaridad de un pueblo parece no tener límites.

La sociedad española es en cambio muy fundamentada en los valores europeos y de una sociedad colectiva, es decir, una visión europeísta. No se puede pedir ni a ecuatorianos ni a españoles que actúen de maneras distintas, porque eso sería renunciar a nuestras identidades.

Pero de cara a una sociedad globalizada, no podemos ya solo preocuparnos por los ecuatorianos. No, ahora debemos preocuparnos por todos. Debemos preocuparnos por nuestros hermanos sirios, subsaharianos, europeos, entre otros.

No podemos decir que al no ser ecuatorianos no son nuestra preocupación, porque al estar en medio de la globalización también son nuestros hermanos.

Soy fiel creyente que el mundo necesita cada vez más de un gobierno global, una serie de instituciones supranacionales y rechazar la soberanía irracional que no hace sentido.

Tomando ejemplo a la Unión Europea, podemos reavivar los sueños de Bolívar al querer una América Latina unificada. Para lograr esto, es necesario apagar y terminar con los egos de nuestros pueblos.

Como sociedad ecuatoriana debemos reivindicar lo que somos. Tenemos amor propio, hay que hablar y expresarnos como hemos nacido. Debemos tener orgullo de lo que somos, somos un pueblo de raza, no somos un pueblo pobre, somos un pueblo intelectual. El pueblo ecuatoriano es un pueblo digno y honrado.

Nuestra sociedad se ha visto afectada por problemas económicos de alto calibre, pero si algo debemos entender es que dichos problemas económicos son el resultado de problemas políticos.

Para que la sociedad ecuatoriana progrese, es necesaria una depuración y un saneo tanto de los partidos políticos como la de los egocentrismos de ciertos líderes.

Como sociedad debemos unirnos para tener claro que es el Ecuador el que compite y progresa, no los empresarios o la función Ejecutiva del gobierno.

No podemos seguir minándonos unos a otros como ya ha pasado antes, sumiéndonos en egoísmos vanos de no querer sacar al país adelante juntos.

No soy el primero ni el ultimo que dirá, que necesitamos y queremos un cambio. Y no podemos quitar ese sueño a la sociedad ecuatoriana, ni tampoco quitarle la esperanza. Para eso nadie, absolutamente nadie tiene derecho a hacerlo.

Las sociedades somos las garantes del Estado de Derecho y la democracia. Porque ¿qué es la democracia? Un gobierno del pueblo, por el pueblo y para el pueblo. Y, ¿quién es el pueblo? El pueblo somos todos: ricos, clase media y pobres. Todos formamos parte de la sociedad ecuatoriana y es nuestro deber salir adelante unidos y no divididos.

Nosotros debemos de romper las cadenas de la sociedad de consumo que se nos ha sido impuesta porque la economía debe de crecer, sino es una tragedia de proporciones abismales.

Como sociedad debemos aprender a vivir con poco, porque el que mucho necesita, nunca estará satisfecho. Y esto no es una apología a la pobreza, sino a la sobriedad.

Pienso que, lamentablemente, la sociedad ha perdido su rumbo y nos enseña o nos obliga a perder tiempo de vida. Porque la sociedad de consumo te exige constantemente tirar lo viejo y comprar lo nuevo. Pero resulta que en ese comprar y tirar, estamos gastando tiempo de vida que no volverá.

La sociedad debe apuntar a la realización plena del individuo a lo largo de su vida. Sonará idílico y utópico, pero la sociedad debe contribuir a que el ciudadano alcance la felicidad y viva una vida plena que no involucre desgastarse constantemente en comprar y comprar.

Repito, o somos felices con poco o no somos felices con nada. O somos una sociedad austera o somos una sociedad de consumo. Y puedo poner la mano al fuego si digo que como sociedad de consumo, los ecuatorianos estamos condenados al fracaso.

Lo único que no podemos comprar es la vida. Es la vida la que se gasta únicamente. Y es penoso gastar la vida para perder libertad: aquella que perdemos cuando sucumbimos a ser una mera sociedad de consumo.

Me encantaría que en un futuro esa cultura de comprar lo nuevo y desechar lo viejo únicamente por ser viejo, se viera desechada por nuestra sociedad.

Y un gobierno, ¿qué debe hacer?

Mi tío Gustavo siempre ha dicho que el gobierno debe servir al bien común y no a los intereses privados. Y yo asumo su misma postura.

Es difícil determinar cuáles son las funciones de un gobierno, ya que siempre existirán diversos conceptos y teorías. Sin embargo, si lo aterrizamos a la realidad ecuatoriana, un gobierno debe velar por la mayoría de los ecuatorianos que lo eligieron en las urnas.

En un país donde la desigualdad es notoria y donde el porcentaje de pobreza nacional llega a estar cerca del 50%, el gobierno debe intervenir para apoyar a estos sectores que históricamente han sido "olvidados" por el mercado.

Desde la vuelta a la democracia en 1979, los gobiernos tuvieron legislaturas turbulentas. Y según los libros de historia, siempre los más afectados fueron los pobres.

Una vez más quiero recalcar que no tengo nada en contra de la clase rica, ya que es vital para la creación de empleo y el aumento de la riqueza de un país. Pero lamentablemente, la historia nos mostró cómo muchas promesas electorales para los pobres se quedaron en meras palabras.

Un gobierno elegido por el pueblo tiene que trabajar y ser fiscalizado por el pueblo. Algo que la clase política parece no entender. Y que ellos son empleados de la gente y representantes de los intereses de la inmensa mayoría que les votó.

El doctor Rodrigo Borja habló sobre los siete pecados capitales de la mal llamada clase política ecuatoriana. Entre ellos se encontraba la vagancia, la corrupción, la irresponsabilidad, el egoísmo…

Son pecados que persisten al día de hoy. Mientras dichos pecados persistan en el Ecuador, lamentablemente la República no saldrá adelante.

El abogado Jaime Roldós Aguilera (+) hablaba de una pugna de poderes en el Congreso Nacional, que comenzó por la mayoría parlamentaria opositora de aquella época y que tenía intenciones de maniatar al presidente. Es saludable que una democracia tenga fuerzas opositoras y esté abierta a críticas constructivas. Pero a lo largo de la historia solo vemos a fuerzas de oposición que impiden el correcto desempeño de los programas gubernamentales. Y esto es solo el resultado de orgullos egocéntricos de parte del gobierno o de la oposición.

Los grandes pactos de Estado son escasos por no decir nulos a lo largo de nuestra historia. Y un gobierno debe sustentarse en dichos pactos para el correcto desarrollo de la democracia. Pienso que se deben realizar aquellos pactos de Estado en materias de: educación, sanidad, estado de bienestar y gobernanza.

Está bien no estar de acuerdo en cuanto a opiniones y posiciones políticas, sin embargo, es deber de los políticos o futuros políticos velar por el interés general de la nación.

Por eso yo hablo de unidad, una unidad que sería y se daría en beneficio de los sectores sociales que requieren ayuda urgente. Una unidad que supere ese revanchismo y odio político, que se ha caracterizado por persecuciones políticas y el desarme absoluto de políticas sociales cada vez que asumía un nuevo gobierno.

El deber de un gobierno radica en la garantía de un Estado de Bienestar, del imperio de la Ley y garantía de los derechos y libertades individuales.

Si bien todos los Estados de Bienestar enfrentan retos de sostenibilidad y eficiencia al largo plazo, es necesario el servicio social que este presta.

Es así que lo ideal de un Estado de Bienestar se encuentra en que se rija por principios de universalidad, solidaridad, eficiencia y transparencia, obligatoriedad, suficiencia, subsidiaridad, unidad e integridad.

Todos los ecuatorianos podemos ser sujetos contribuyentes a remediar las vicisitudes de otros. Es un deber, ser una sociedad solidaria en un país tan desigual como el nuestro.

Como aquella frase que viene a mi cabeza: "Hoy por ti, mañana por mí". Tenemos que tener presente esta frase al momento de contribuir y ser solidarios entre generaciones.

Creo firmemente que para que haya democracia, es necesario el famoso *Imperia Lex*. Con una justicia independiente e imparcial, se consigue el Estado de Derecho garante de las libertades individuales de los ciudadanos. Y no solo eso, sino que además se consigue una herramienta poderosa para combatir el cáncer de nuestro tiempo: la corrupción.

Los gobiernos en la última década se han dedicado a siempre hablar de acuerdos y programas para desarrollo sostenible. Pero, los gobiernos deberían preguntarse: ¿qué es lo que se encuentra en la cabeza del ciudadano? ¿Es el modelo de desarrollo y de consumo de las sociedades ricas? Sin duda todos queremos vivir bien, pero nos enfocamos mal al definir vivir bien. Porque vivir bien en estos días equivale a vivir rodeado de lujos y cosas que a veces no necesitamos.

¿O es que acaso el mundo tiene los recursos para que todos podamos gozar de esa misma cultura de desarrollo? La respuesta es no.

Y es que, si hemos crecido en una economía de mercado, quiere decir que hemos llegado a sociedades de mercado que nos han llevado a la globalización. Y si llegamos a la globalización, los gobiernos entonces tienen el deber no solo de pensar por su nación, sino también por el planeta entero.

Y la interrogante que se les plantea a los gobiernos, es si ¿somos nosotros quienes controlamos la globalización o es la globalización la que nos controla a nosotros?

La globalización no es mala, es más, la veo como una oportunidad de desarrollo para los pueblos y los sectores más aislados del mundo.

Es por eso que se requiere una intervención privada en la economía, con un control gubernamental, que no sea un control autoritario, sino que vele por los más débiles y aquellos que no tienen todas las oportunidades.

El gobierno debe de hacer del mercado un mercado equitativo más no igualitario, donde todos tengan sus oportunidades y crezcan y se desarrollen en base a su esfuerzo.

No podemos hablar de solidaridad y que unidos podemos lograrlo, si seguimos basándonos en una economía que es una competencia despiadada que no se interesa por los más pobres y aquellos que están en zonas de riesgo y marginación.

Economía libre sí, pero regulada por el gobierno para que no se den abusos y que tampoco se olviden de los más débiles.

Debemos trascender de puntos de vista de derecha o izquierda, y ser verdaderos humanistas y estadistas. Solo así, veremos una sociedad y un gobierno ecuatoriano próspero para nuestros hijos y nietos y todas las generaciones futuras.

Mi modelo de gobierno ideal

José Mujica decía que la institución presidencial esta prostituida, ya que estaba lejos de lo que él pensaba. Para él, los políticos deberían tender a vivir como vive la mayoría y no como vive la minoría.

Pienso que la política no debe ser solo de las élites, la política debe ser y será para todos: ricos, pobres, clase media, las grandes mayorías y las minorías. Todo esto bajo un marco de tolerancia.

Mucha gente admira el hecho de yo tener como deseo servir a mi nación en la más alta magistratura del Estado. Pero también la gran mayoría da por hecho que todo político es malo y corrupto. Me permito ser un soñador y pensar que eso va a cambiar.

Para mí, la mejor forma de gobierno es aquella que es conocida como democracia tecnificada. Es decir, en los puestos claves, se debería posicionar a personas cualificadas para dicha área. Es así que, por ejemplo, el ministro de economía sería un economista y el ministro de salud sería un médico.

Mi modelo ideal de gobierno, no es una sentencia de que lo que será un hipotético gobierno mío, sino que son lineamientos de orientación para saber cómo me gustaría que funcionase el gobierno ecuatoriano:

Estado de Bienestar

Admiro mucho el sistema de Administradores de Fondos de Pensiones en Chile (AFP). Esto entendido como un sistema de capitalización individual en donde el afiliado deposita sus fondos previsionales a una administradora de su elección y esta lo reinvierte en los mercados para otorgarle aún más ganancia. El afiliado mantiene un control de su fondo y no se cae en el problema de que se "acaben las pensiones" para las futuras generaciones.

Es un sistema que lleva implementado en Chile desde 1980. Sin embargo, ha presentado unas falencias que se deberían corregir puesto que muchas veces estas administradoras han invertido de mala manera dichos fondos causando un prejuicio a los depositantes.

Idealmente el gobierno debería ejercer un mejor control del riesgo de la inversión. Estableciendo quizá una cláusula de aprobación por parte del Ejecutivo en caso de que se intente invertir en fondos de alto riesgo.

Como mencioné anteriormente, el Estado de Bienestar no puede olvidar nunca su principio de solidaridad. Una solidaridad intergeneracional y duradera.

Economía

Las economías de libre mercado son aquellas que históricamente han sido las que mejores resultados han otorgado a sus naciones.

Yo lo apoyo completamente, pero una vez más se necesita del Estado como moderador en la actividad económica. El Estado como observador debe incentivar la producción y la inversión extranjera por medio de acuerdos de libre comercio y una política fiscal e impositiva bastante flexible para el sector privado.

El sector privado debe tener el papel principal en la generación de empleo y la inserción de capitales extranjeros dentro del Ecuador.

El papel del Estado es de promover la equitativa y justa competencia, evitando la creación de monopolios u oligopolios.

El Estado debe reducir su tamaño, no aglutinar una gran cantidad de funcionarios públicos como hace en este momento, y salir del protagonismo de creación de empleo para dar cabida al sector privado.

Entre más grande es el Estado, más se presta para la corrupción.

Estado de Derecho

Esto es, el imperio de la Ley entendido como la primacía de la ley por encima de cualquier principio gubernamental. Es decir, tribunales y jueces independientes e imparciales.

De acuerdo con Albert Dicey la regla del imperio de la Ley está conformado por tres principios: todos somos iguales ante la ley, nadie puede ser sancionado a menos que haya un claro quebrantamiento de la ley y ningún conjunto de leyes está por encima de los tribunales.

Conseguir dicha independencia judicial llevaría al Ecuador muy por encima de su puesto actualmente en el Ranking de Justicia Independiente llevado a cabo por el Foro Económico Mundial. Ecuador está al momento en el puesto 100, apenas 48 puestos por encima del colista Venezuela.

Otros sectores estratégicos demandan atención inmediata. Sectores como la educación y la sanidad. La crisis sanitaria viene siendo un problema por mucho tiempo y que ningún gobierno ha terminado de solventar.

Pienso a la vez en la relación público-privada, donde una vez más el protagonismo del sector privado sea en la inversión en sanidad y en educación.

Ratifico el papel del Estado como mero observador y regulador en caso de vicios en el proceso de inversiones o mercados.

Para el sector de la banca el tema se torna delicado por la memoria de un pueblo que sufrió por culpa de la misma.

Planteo un modelo como el de Islandia, que cuando sus bancos y entidades financieras quebraron en 2008, el país decidió garantizar los depósitos de sus ciudadanos, pero dejar quebrar a los bancos que actuaron de forma irresponsable. Y es que al final del día, un banco es una empresa y como empresa, si se administra mal y quiebra, no es deber del Estado rescatarlo. El deber del Estado es con sus ciudadanos.

La evidencia está en que Islandia comenzó a salir de la crisis mucho más rápida y efectivamente que algunos de sus vecinos europeos.

Finalmente, debo recalcar la visión de que una economía dolarizada es la mejor apuesta del Ecuador. Pero se debe actuar como una economía dolarizada: no se puede castigar las importaciones, tampoco se debe promover el aislacionismo frente al mercado. Tenemos que abrir nuestras fronteras económicas al mundo. Siempre teniendo presente al Estado como moderador y no como jefe autoritario que impone lo que le parezca.

Conclusiones

Este pequeño libro es fruto de una conversación con una persona que me preguntó mis motivaciones y mi futuro como persona, una vez finalice mis estudios y empiece mi vida laboral.

Al verme incapaz de responder de forma concreta qué haría o qué me gustaría hacer, decidí poner mi pensamiento por escrito.

Yo no digo que seré el mejor presidente de la historia o que llegaré a ser presidente. Nada es seguro en esta vida salvo la muerte. Pero si Dios me lo permite espero llegar a Carondelet porque siento una vocación de servicio y amor para con mi tierra que me dio mi familia, mis amigos, mi primer amor, mi casa y mi educación.

Lo más peligroso para el pueblo ecuatoriano es su memoria. Ya que a veces el pueblo olvida rápido y volvemos a repetir los errores.

Mi anhelo es que traspasemos fronteras de maniqueísmos como la izquierda o la derecha. Que miremos más allá de una promesa como "Pan, Techo y Empleo" y que seamos críticos con aquellos políticos que se jactan de ser amados por todos los ecuatorianos porque dicen amar con locura a su Patria.

En nuestra memoria deben de quedarse lo bueno y lo malo de cada gobierno para no cometer los mismos errores una vez más.

Mi anhelo es que, como país, dejemos detrás ese espíritu revanchista, superemos las barreras egoístas de las ideologías baratas y trabajemos juntos por el bienestar de un pueblo.

Un pueblo digno, honesto, trabajador y cariñoso. Un pueblo lleno de esperanza, que se ha hecho digno merecedor de días mejores.

Se ha hecho merecedor de una educación de calidad, de una sanidad eficaz y de un Estado que anteponga el bienestar de su pueblo antes que intereses egoístas de ciertos individuos.

Repito las palabras de mi tío Gustavo: el Estado debe velar por el interés común antes que los intereses privados.

Y a la clase política actual, me gustaría dedicarle unas palabras: "Basta de negarse a ustedes mismos como representantes del pueblo. No por usar un jean y una camisa sudorosa se representa al pueblo. Seamos honestos, si somos banqueros hay que decirlo, si somos empresarios hay que decirlo, si somos pobres hay que decirlo. Pero no podemos intentar mentirle a un pueblo diciendo que somos algo que no es, solo con el fin de tener el mayor voto popular para ocupar la silla en Carondelet."

Mi pensamiento político ha ido evolucionando a lo largo del tiempo y pienso que mantendrá esa tendencia. Algunos me consideran demasiado idealista, otros que seré un corrupto más, que vive de los impuestos de otros.

Me permito tomar las palabras de Simón Bolívar y hacerlas mías: "Juro por Dios, juro por mis padres y juro por mi honor, que no descansaré hasta que vea libre a mi Patria, libre de corrupción, libre de pobreza y libre de clasismos sociales vanos."

Yo no digo que sea el cambio de este país, tampoco digo que seré yo una especie de mesías. Pero lo que sí tengo claro, es que quiero ser el que inicie un movimiento que dé paso al futuro brillante que tiene nuestra querida República.

"Yo nací en este país que va
con alegrías y dolor,
con gente linda
y con canallas que nos roban la ilusión;
que no le teme al porvenir,
que no se deja derrotar,
que no me pide visa
y al que siempre quiero regresar. "
-Yo nací aquí

J.F.Velasco

Referencias

Arthus-Bertrand, Y. (Director). (2015). *HUMAN* [Motion Picture].

Consejo Pontificio "Justicia y Paz" . (2004). *Compendio de la Doctrina Social de la Iglesia.* Bogota: Printer Colombiana.

Hurtado, O. (1990). *Politica Democratica I* . Quito : Editora Porvenir.

Hurtado, O. (1990). *Politica Democratica II.* Quito : Editora Porvenir.

Hurtado, O. (2010). *El Poder político en el Ecuador.* Quito : Editorial Planeta del Ecuador.

Maya, M. P. (2016). *Seguridad Social y Sociedad Democrática.* Editora Americana.

Mujica, J. (2012). Discurso en la Cumbre de Rio 20-06-2012. Rio de Janeiro, Brasil.

Producciones, O. (Director). (2004). *25 años de Democracia en el Ecuador* [Motion Picture].

Romero, D. (Director). (2011). *Gobierno de Gustavo Noboa* [Motion Picture].

Wikipedia. (2012). *Wikipedia.* Retrieved from https://es.wikipedia.org/wiki/Anexo:Pa%C3%ADses_por_porc entaje_de_poblaci%C3%B3n_debajo_de_la_l%C3%ADnea_de _pobreza

Agradecimientos

A mi llegada a la Universidad Autónoma de Madrid descubrí no solo sapiencia, sino también verdaderas amistades. Encontré en Víctor a una persona decidida, trabajadora, diligente y honrada: un futuro animal político. Con independencia de nuestras desavenencias políticas fue la compartida creencia en el sistema democrático y sus principios constituyentes los que consolidaron esta ya vieja amistad. Pues democracia es sinónimo de paz y concordia. Es por ello que confío y sé que lucharas siempre por estos valores tan nuestros.

Mi compañero. Mi amigo.

Gracias por todo.

Andrea Rodríguez Sánchez – Estudiante de la UAM y miembro activo de movimientos políticos en España

www.ingramcontent.com/pod-product-compliance
Lightning Source LLC
Chambersburg PA
CBHW050802240726
48654CB00008B/603